겨울 그 자리

겨울
그 자리

김병국 시집

청옥

| 서문 |

거기에 그대로 있었다면
산 · 꽃 · 바다와 함께 바람을 맞고
햇살을 받으며
마음껏 누릴 수 있을 텐데
나에게 발견되어
생각의 찌꺼기가 되어
사각의 방에 갇혀 꼼짝하지 못하는구나
너를 발견한 나의 눈을 용서하지 마라
지혜의 눈을 키워
너를 넘어서 있는 그대로 볼 수 있도록…

김영국 시인

| 차례 |

제1부 고苦

13 _ 까치
14 _ 환경미화원 김 씨의 새벽
15 _ 그는 떨어졌다
16 _ 짐승이고 싶다
17 _ 자갈치 아지매의 손
18 _ 소나무
19 _ 하얀 지팡이
20 _ 발길질
21 _ 유기견
22 _ 길 고양이
23 _ 초승달 텃밭
24 _ 새우젓 장수
25 _ 할매 철새
26 _ 울산 태화강의 연어
27 _ 생일
28 _ 세계사를 읽는 동안
29 _ 쓰레기를 태운다
30 _ 백로白露
31 _ 넝쿨
32 _ 검은 눈사람
33 _ 흔들림에 대하여
34 _ 입양아
35 _ 노인복지 회관에 걸린 깃발
36 _ 늙은 어머니

제2부 집集

어린 왕자 __ 39
복날에 투명인간이 된 __ 40
새가 되고 싶다 __ 41
눈 없는 눈 __ 42
별이 사라졌다 __ 43
달빛 아래 __ 44
유실물 센터 __ 45
파천황破天荒의 길 __ 46
바람의 신발 __ 48
클로버 __ 49
골목길 __ 50
아파트에 사는 사람들 __ 52
막차 __ 53
종량제 쓰레기봉투 __ 54
저능아 __ 55
통조림 __ 56
자살 전상서 __ 57
자화상 __ 58

제3부 멸滅

61 _ 게
62 _ 유리창
63 _ 용두산 비둘기
64 _ 꽃동네
65 _ 나를 연다
66 _ 아름다운 선물
67 _ 폐지 줍는 할매
68 _ 거울 속의 나
69 _ 천수천안千手千眼
70 _ 오늘
71 _ 노인의 눈높이
72 _ 기도
73 _ 밤배
74 _ 바람이 말을 걸었다
75 _ 발
76 _ 제야의 종소리
77 _ 비눗방울
78 _ 잃어버린 비상
79 _ 주름살
80 _ 도둑고양이
81 _ 빗방울은 수직도 수평도 아니다
82 _ 꽃이 된 별
83 _ 아내가 죽어서다
84 _ 낡은 티브이

제4부 도道

이끼 __ 87
마애불 __ 88
구두수선 미화원 박 씨 __ 89
스파르타카스 __ 90
무인등대를 사랑한 노숙자 __ 91
터벅터벅 __ 92
탄생 __ 94
폭포 __ 95
포장마차 __ 96
나팔꽃 수평으로 긴다 __ 97
칼의 노래 __ 98
겨울 그 자리 __ 99
팬터마임 __ 100
폐지 줍는 노인 __ 101
허수아비 __ 102
새벽까치 __ 103
헌책 __ 104
연어를 깨운다 __ 105
혓바닥과 바닥 __ 106
길이 아닌 길 __ 107
깃털 없는 날개 __ 108
섬진강 할매 __ 109
뇌성마비 총각 __ 110
두부 장수 __ 111
더 드림 __ 112

제1부

고苦

까치

리프트카를 타고 기계음을 내면서
장대로 전봇대 변압기 사이의 까치집을 철거한다
마지막 남은 힘이라도 있다면
소통할 언어라도 있다면
까치가 전깃줄에 앉아 까까깍 했을 텐데
까치는 뒤도 돌아보지 않고 집을 떠난다
일파만파 같은 삶을 통해서 그것을 안다
돌아가신 아버지 꿈에 나타나 고함을 지른다
가족을 지키기 위해선 까까깍 해야 한다고
새벽부터 전봇대 십자가에 알몸으로 매달린
까치 두 마리 까까깍 피를 토한다
집 짓는데 천 번은 가지를 물고 날라서가 아니라
집을 잃어서가 아니라고
까치는 미루나무를 좋아했는데
이젠 미루나무가 없어 집을 짓지 못한다고
겨울이 다가오는데, 어디 가라고

환경미화원 김 씨의 새벽

어둑새벽도 오지 않았는데
산타크로스는 선물을 몰래 두고 가고
밤새 쓰레기를 몰래 싣고 사라진다
쓰레기를 치우면서
먼지와 땀 냄새가 뒤섞여 쓰레기가 된 김 씨
쓰레기가 쓰레기를 치운다
쓰레기가 되면서 비로소 환경미화원이 되는
그의 삶에 조랑조랑 매달린 시린 눈물
파경破鏡이 되어 우리의 영혼을 빛낸다
비가 오면 온 만큼 슬픔이 시린데
쓰레기인 줄 모르는 쓰레기도 있다
냄새가 푹푹 풍겨도 냄새를 맡지 못하니
고급승용차를 타고 집으로 간다
냄새가 풍길까봐 지하철을 타지 않고
십리를 걸어서 집으로 가는 김 씨, 그러나
인생마저 더럽고 냄새나는 것은 아니다
생각마저 쓰레기가 아니다
대폿술 한 잔을 들이키면서
쓰레기에게 고맙다는 말을 되풀이 할 줄 아는
환경미화원 김 씨
어둑새벽이 온다

그는 떨어졌다

어린 매처럼
고층 빌딩 옥상에서 떨어진
매가 아닌 그는
말라버린 새똥이 될 것이라는 것을 안다

우울증이니 사업실패니 수군거린다
수군거림이라도 있어서 다행이다
땅바닥에 엎드려 있는 그를
흰 페인트로 선을 그려 놓고
검불처럼 그를 치웠다
그 위로 사람들이 밟고 지나가도
비가 오는데 우산을 아무도 씌워주지 않아도
바닥에 박힌 채 아무 말도 하지 못했다
하늘에서 갈긴 새똥처럼
말없이 떨어진 그는 납작하다

밑바닥에 대해선 관심이 없는 사람들
오직 가로수만이 손을 뻗어 손을 잡아준다
할 일을 마친 어둠처럼
그는 여명 속으로 사라졌다

짐승이고 싶다

눈을 떼어 달란다
귀를 떼어 달란다
이젠 볼 수도 들을 수도 없는데
혀도 떼어 달란다
속으로 속으로, 누르고 누르고
다만 꿈틀거릴 뿐인데
심장마저 떼어달란다

세월의 절벽에 매달린 깃발
한시도 펄럭이지 않는 날이 없었건만
이제는 깃발에 못을 박는다
손바닥에 못이 박힌 아버지는 관을 짊어지고
피를 흘리며 히말라야를 오른다

도시에서는 짐승으로 살기 힘들구나
산으로 돌아가 길 없는 길을 가리라
잃어버린 눈과 귀와 혀를 찾아
너와 함께 한 마리 짐승이고 싶다

자갈치 아지매의 손

진눈깨비도 자갈치 시장에서는 몸을 낮춘다
눈이 없어도 회를 쓸 때는
맹인검객같이 날카롭게 살을 저미는
솥뚜껑 같은 거북손이 있기 때문이다
손님이 없을 때는
활어가 팔딱거리는 가판대 위에서
모가지 없는 거북처럼 꼼짝하지 않고
엉켜 있는 자식들을 생각한다
공치는 날은
소금 끼 배인 낡고 투박한 솥뚜껑을
연탄불 위에 올려놓고
삶이 켜켜이 쌓인 삼겹살을 굽는다
모가지 없는 거북들이 어기적어기적 모여들고
소주 몇 잔에 추위에도 얼굴이 불그레하다
손바닥에 주렁주렁 매달린 초승달 칼자국
시리고 뜨거웠던 시소 같은 삶에도 불구하고
커가는 자식들의 고마움에 다시 잔을 부딪힌다
펄럭이지 않는 날이 없었던 낡은 깃발 같은
죄지은 것 없는 비린내 나는 젖은 손
자갈치 시장의 여울목을 쓸고 간다

소나무

밤새 비바람 세차게 불고
솔잎이 무수히 떨어진 게
바위의 가슴을 열기 위한
아픔의 몸부림인 것을
어느 것 하나 슬픈 상처 없이 이루어진 게 없건만
어느 시인은 말한다
소나무를 위해 바위가
스스로 몸을 부숴 가슴을 열었다고
빌딩청소부처럼 매달려 일생을 보낸
작고 꼬부라진 소나무
지난밤 폭설에 설해목이 되어도
파산한 종갓집 종부같이 당당하게 자리를 지킨다
어찌 남같이 곧게 쭉 뻗고 싶은 마음 없었겠는가

하얀 지팡이

눈이 캄캄하다고 길이 캄캄한 것은 아니다
하얀 방울 소리 같은
웅크린 채 누워있는 길을 두드려 깨운다
빛은 보지 못해도
세상의 길을 불러 모은다
땅의 영혼은 바람의 신발을 신고 나를 이끈다

지하철역 노란 선 길을 따라 동사무소로 향한다
장애인복지기금 누가 가로 챘나?
국회의사당 금배지 두드리는 것처럼
어두운 세상을 세 번 크게 두드린다
눈을 잃었다고 세상을 잃은 것은 아니다
눈멀었다고 세상이 사라진 것도 아니다
캄캄한 것은 눈이 아니라 세상이다

그가 잠든 사이 나는 일어나 밤나들이 간다
도둑고양이 같이 울어주고
새벽이 되어서야 지쳐서 돌아온다
24시간 눈을 뜨지 못한다
세상이 두려워서

발길질

지하철 안에서
이십 대 여성이 임산부의 배를 찬다
싸워 본 적이 없는 맨발의 아기
견디다 못해 세상을 향해 발길질을 한다

맨발을 어루만져 주던 햇살의 사랑이
그리워, 세상으로 얼굴을 내밀고 싶었다
이젠 고함을 지르고 발길질하며
세상이 무서워 안으로 안으로 침묵한다

날이 저물고 진눈깨비가 내리는 세상
더듬이를 세우고 기웃거린다
강물의 흔적 강물이 지워주지만
발길질의 상처 세상이 씻어줄까
엄마도 나도 울지 않을 수 없었다

유기견

며칠 간 머물다
새 주인이 나타나지 않으면 북망산 간다
나대신 울부짖는 창살을 두고
길거리에서 노숙하고 있을 때
며칠 굶어 비틀비틀거려도
이빨을 깨물고 침을 흘렸다
가야할 마지막 길에서는
눈을 내리감고 꼬리를 내린다
불타는 눈은 어디로 흘러갔는가
눈동자에 일렁거리는 어둠 잠시 머뭇거리다가
창살 밖에 서 있는 햇살의 손을 잡는다
살기 위해서가 아니다
난 장난감이 아니다
난 쓰레기가 아니다
버려진 생명은 어디에도 없다
처음부터 홀로였고
처음부터 생명이었다
말 못하는 창살도 부르르 떤다

길 고양이

아귀찜 식당 며칠 째 문이 닫혔다가 열렸다
밤새 고양이 울음소리에 선잠을 잤는지
아귀처럼 찌그러진 주인 할머니 얼굴
눈에 달고 다니던 손자를 하늘에 보냈단다
어느 날, 할머니는 고양이 눈망울에서
하늘을 보았다
먹이를 문밖 입구에 내어 놓는다
그 후, 하늘은 하늘로 가지 않고
자동차 밑에 숨어서 문만 쳐다보고 있다
먹이를 주지 않아도
문만 열리면 쫓아온다
야성을 빼앗긴 하늘
구름도 바람도 흔적을 감추었다
할머니 야속하다
겨울비가 내린다
다시 자동차 밑으로 들어간다
날개를 잃어버린 하늘은 바닥같이 엎드려
문만 바라보고 있다
길들여짐은 또 한 번 죽이는 것
아귀찜 식당 문을 닫았다

초승달 텃밭

수정동 산비탈 똬리를 튼 달동네 골목길
바람이 손짓하는 계단을 걸어서 올라가면
초승달 같은 옹벽을 만난다
옹벽 우듬지에 걸린 새 같은 집들
무거우면 살기 힘든 곳이다
옹벽에 뿌리를 내리는 달동네 사람들
화장실과 우물을 함께 사용하고
잠 잘 방은 없어도
초승달에 텃밭을 만든다
밤이 되면 별들이 불을 밝히고 놀다가고
아침이 오면 달동네는 나팔꽃처럼 웃는다
관절염에 걸려도 텃밭에서 살다시피 하는
늙은 어머니, 초승달 같다
솟대 위에 앉은 새 같은 초승달
어머니의 늙은 젖가슴을 닮았다

새우젓 장수

남해의 푸른 물결을 헤치고 오른
새우가 새우젓을 판다

새우젓 사소
새우젓 사소

고래 때문에 등 터지는 날이 수없이 많았다
사는 게 반달 같은 세월이었다
등을 펴려고 무거운 짐을 지고
태평양을 가로지르며 달려왔다
그게 삶이라는 것을
등이 굽지 않았다면
험한 세상 헤쳐 갈 수 없었다

아직은 죽은 삶은 아니다
태풍을 가로지르면 달려온 생생한 목숨은
삭고 푹 삭은 등 굽은 추억이다
이젠 남해의 쪽빛 물결에도 숨차다
나를 판다

새우젓 사소
새우젓 사소

할매 철새

철새들을 위해
먹이를 나누어주는 할매
새들의 꿈을 먹고 사는지
새을 닮았다
주름살에 새의 발자국이 골골이 박혀

제비가 얼어 죽었다는 이야기를 들었는데
배고픈 새 한 마리
할매를 부른다
관절염으로 걷지를 못해도 다가간다
일용할 먹이를 주는 환경운동가처럼

빌딩의 그림자 속으로 사라지는 철새
해가 서산에 지면 그녀도 새가 되어
손자가 있는 둥지로 날아간다
그녀는 살아온 파랑 같은 날들을 통해
나는 것보다 배고프지 않는 게 소중하다고

울산 태화강의 연어

그러나
선바위로 오르면서 어머니가 된다
뼈는 갈대처럼 텅 비어 부셔지고
살은 허물어져 물렁물렁하고
비늘은 벗겨져 피멍이 들고
지느러미는 갈기갈기 찢어져 더 이상 흔들지 못하고
하나 뿐인 영혼을
고요한 흐름에 마지막 몸을 맡기는
그 슬픈 연어의 이야기를 아는지 오늘도
연어의 귀향 같은 드라마를 꿈꾼다
진정으로 슬픔이 무엇인지 모르는 사람들은
남김없이 살아보지 않고 죽어가는 사람들은

생일

태초에 꿈틀거림만 있었다
꿈틀거림은 울음소리가 되었을 뿐이었다

아기가 어머니가 되고
어머니가……
아기가 생길 것이라 하고
아기를 가졌다 하고
아기가 태어날 것이라고 한다

태어나기 전에도 아기였고
태어난 후에도 아기였다
태어나기 전에 이미 나는 태어났다

내 생일은 아기라고 부르기 전이다

세계사를 읽는 동안

세계사를 읽는 동안…
시대마다 나라마다 영웅은 나타났다 사라지고
민중은 영웅이 나타나기를 바란다
영웅은 고통 속에서 피는 꽃이다
그러나 영웅은 스스로 영웅이 되는 것 같지만
민중의 피땀으로 만든 탑을 밟고 올라서야 한다
민중을 구해주는 것 같지만
눌리고 눌린 민중으로 다시 남겨질 뿐이다
영웅은 민중의 수호천사가 아니라
생겼다 사라지는 똥이다
세상의 안팎, 위아래 모두 바뀌어도
민중의 일상은 바뀌지 않는다
진정 원하는 것은 구해 줄 게 없는 세상
그래도 영웅은 끊임없이 나타났다 사라지겠지
민중이라는 이름 속에서

쓰레기를 태운다

방파제에 모여 웅성거리는
세파에 밀리고 밀린 낡은 스치로풀
더 이상 밀릴 곳 없는 끝이다
산 너머 노을의 뒷모습을 보며
막걸리 한 잔 사 준 적 없는 벗을 생각하곤
부끄러워 절벽같이 벌떡 일어선다
그것마저도 소중한 인연이라고
발바닥에 못을 박는다
쓰레기가 되고 나서야
깊이 베인 상처 난 날들이 헤아려진다
몸 한편 내 준 적 없는
냄새나는 지난 시간을 태운다
나를 태운다
몸이 비틀리는 밤바다 같은 삶일지라도
이젠 가벼우니 다시 바다로 갈 수 있으리라
바다에서 끝은 육지에서는 시작이니까

백로白露*

백로가 데리고 온 태풍
굶주린 들짐승같이 달려와
온 마을을 쑤시고 파헤치고 뒤집어 놓고
느티나무 우듬지에서 울부짖는다

밤새 붉은 울음을 토하더니
속 뜰을 투명하게 드러낸 백로를 남겨두고
볼 일을 마친 시간처럼
이른 새벽에 떠났다

폭탄 맞은 듯한 마을의 깊은 상처
백로 때문이라는 소문이 무성하게 익어갔다

강물의 흐름 어찌할 수 없듯이
가을저녁은 무릎을 접고 기도를 한다
굴뚝에 대추가 주렁주렁 매달리도록

* 백로白露 : 이십사절기의 열다섯 번째 ≪처서와 추분 사이로, 9월 8일경임≫

넝쿨

초등학교 쉼터 등나무 자신을 감고 꼬고
배가 고픈지 친구도 감고 꼬은 다
감고 꼬기 위해 태어난 너
감고 꼬아야 먹고 사는 너

아직 할 일이 남았는지
세상의 모든 넝쿨을 불러 모아
닿는 것은 모두 감고 꼬아 절벽으로 끌고 간다
몸을 옥죄는 중압감보다 참을 수 없는 건
비몽사몽 굴러가야 하는 나의 사각

어둠의 틈서리에서 햇살 한 조각
숯구멍에 떨어지면
힘들더라도 사각의 굴렁쇠를 굴려야겠다
삶은 넝쿨 같기에
보랏빛 향기가 나는 꽃이 피지 않는가

검은 눈사람

작은 씨앗 하나 눈[雪]에 안기더니
눈을 먹고 싹을 틔운다
눈밭에 구르니 하얀 눈사람이 되었다, 어느 날
연탄 밭에서 구르더니 검은 눈사람이 되었다
아등바등 억척같은 겨울의 삶
속이 빨갛게 익지 않는 구멍이 없지만
고달픈 훈기를 먹고 산다
오히려 고달픔이 고맙다
머리에 쌓인 하얀 눈을 쓸어내리며
연탄수레를 끌고 한숨에 고갯길을 오른다
구운 오징어같이 움츠려지는 추위
혹독할수록 더 단단해지는 관절
오히려 추위가 고맙다
세상이 고달파 검은 땀방울 밀어내어도
곳곳마다 하얀 꽃이 피어오른다
겨울을 먹고 사는 검은 눈사람이 있어
백설의 꽃은 피지 않을 수가 없다

흔들림에 대하여

댓잎 끝에서 춤추고 온 신들린 바람
무당을 수직으로 흔든다
사막을 종주하고 별을 품고 온 시린 바람
밤하늘을 수평으로 흔든다

누덕누덕 누더기가 된
마지막 남아 있는
수직과 수평의 틈새에 있는
나를 흔들고 있다

깃발은 한 순간도 멈추지 않고
바람을 다 털어내고
침묵마저 털어내고 나서야
수직과 수평은 십자가가 된다

입양아

어린 시절의 그 벽이 쓰러지고
빛바랜 아기의 흑백사진이 지나간다
입이 있어도 옹알거릴 수밖에 없다
외로우면 쓰러진 벽을 일으켜 세우고
어미 잃은 짐승처럼 상처를 핥으며
버려진 그림자를 다시 떠올린다

어둠 속으로만 숨어드는 나는
외로움에 마침표를 찍고
어둠을 털고 일어나
어둠과 빛 사이에 있는
아득한 그림자를 찾아나선다
버리려야 버릴 수 없는 그리움
침묵과 어둠의 길로 당당하게 돌아오는 연어처럼
나도 그림자와 함께 살고 싶다

노인복지 회관에 걸린 깃발

누더기가 되든 말든
보아주는 사람이 있든 말든
멈춘 적 없이 숨을 헐떡거리며 달려왔다
쉰 적이 없었기에 쉴 줄을 몰랐다
사위의 침묵에 아랑곳 하지 않고
바람도 없는데도 달린다
허리가 접히고 접힌 부분 상처가 되어도
허공에 거친 숨결을 내뿜으며 달린다
뼈 속 깊이 간직한 소중한 풍편을 타고 달린다
휴대폰 속에서도 달리고 있는
헐떡거리는 그의 숨소리를 듣는다
좋아서 아직 힘이 있어서 달리는 줄 알았다
풍경 끝의 물고기처럼
머리로 온 몸에 거칠게 낙인을 찍는다
스스로 달리지 못한 안타까움일까
쉬는 모습은 긴 세월 보낸 헌책 같다

늙은 어머니

여름이 떠난 해운대 백사장
구석에 뒹굴러진 빈 의자 하나
다리 한 개가 구부러져 있다

여름 내내 한 번도 빈 의자 되지 못하고
말없이 무게를 감당했던
해조음을 듣는 의자
이제 쉴 만한데
닳고 닳은 앙상한 다리뼈 삐걱거린다
늙어서 그러는 줄만 알았다
별이 된 그들을 생각하고는
비울 수 없는 의자의 시린 아픔인 것을
별빛이 의자에 앉는 밤은 시름이 더 깊다

구부려진 다리를 씻고 있는 파도소리
주물이고 만지다가
사라지지 않는 수평선을 데리고 와서
쓰러지지 않는 그녀의 다리가 되고 싶다고

제2부

집集

어린 왕자

고속도로 화장실 가는 길에
어린 왕자를 찾는 사막에서 온 여우를 만났다
여우는 한복을 입은 내가 이상한지 말을 걸었다
당신은 뭐하는 사람이요
나는 백수*라고 말했다
정말 백수요
마음속으로 나는 구도자라고 말한다
그의 눈은 백수가 되어 백수를 쳐다본다
나는 아랑곳 하지 않는다
백수가 백수라고 했기 때문이다
나는 하늘의 흰 구름을 바라본다
그저 이름이 백수이기 때문이다
백수라 부르든 구도자라 부르든
나는 내 할 일을 할 뿐이다
그는 나의 백수에는 관심이 없다
이름에만 관심이 있다
나는 왕이라고 할 것을
왕보다 어린왕자라고 할 것을
별나라에서 온 어린왕자요
나는 어린 왕자라고 말한다

* 백수 한자어 : 白手, 白水, 白獸

복날에 투명인간이 된

복날, 누렁이는 친구를 죽이려는 그들을 보았다
그 후, 펄펄 끓는 물에 빠져 죽는 꿈을 꾼다
쇠사슬에 묶이고 오줌과 똥을 싸면서
누렁이는 그들만 보면 도망간다

참회하는 의미로 나의 몸을 누렁이에게 주기로 했다
눈을 주니 아기 똥을 밥으로 보지 않고 똥으로 보고
귀를 주니 개새끼라는 말을 듣고 화를 내고
입을 주니 개밥그릇에서 밥을 먹지 않는다
몸을 다 주니
꼬리도 털도 없는 짖지도 않는 사람이 되었다
그래도 그는 사람을 보고 도망간다

마지막 남은 생명마저 주니
허공에서 연꽃이 핀다

새가 되고 싶다

새가 되고 싶어 날개를 달았다
날개 밑에 하늘을 품고
새보다 힘차게 날개를 흔들었지만 날 수 없었다
날개만 달면 날 줄 알았다
민들레 씨앗같이 가벼워야 한다는 것을 몰랐다
구름을 품고 날개를 흔들었지만
또 날지 못했다
새가 되었는데도 날 수 없었다
생각하건대 그저 새가 되고 싶었던 것이지
날고 싶었던 건 아니었다
날개를 단 사람이지
새가 아니었던 것이다
날개가 있다고 다 나는 것은 아니다
가볍다고 다 나는 것은 아니다
보이지 않는 날개가 있어야 날 수 있다

눈 없는 눈

햇살 사랑의 고마움을 모르는 내 눈
떼어서 그에게 주고 싶다
그는 내 눈으로 세상을 보리라
고맙다고 눈물을 흘리겠지만
난 못 보리라
그의 눈물은 나의 눈물이다
내 눈에게 바람이 있다면
내 눈으로 세상을 보지 말라는 거다
칼을 칼로 보지 말고
꽃을 꽃으로 보지 말고
사람을 사람으로 보지 말라는 거다
당신의 눈 없는 눈으로 보라는 거다
비탈길을 오르는 연탄 배달꾼의 땀방울에
한 가닥 빛을 볼 수 있는 것은
내 눈 때문이 아니라
당신의 눈이 어둔 빈 방이었기 때문이다
내 눈이 당신의 눈이 되었을 때
비로소 내 눈에서 연꽃이 핀다

별이 사라졌다

여름밤에는 찜질방이 되는 슬래브 벽돌집
땀을 비 오듯 쏟아낸다
별이 보이지 않는다
피서를 갔는가
늙은 도둑고양이가 훔쳐 갔는가

어린 왕자가 장미를 사랑한 것처럼
도시인은 아파트를 사랑한다는 것을 기억하곤
사랑을 하다 죽으면 별이 된다는데
아파트도 죽으면 별이 될까

아파트 단지에서는 별이 사라진지 오래다
이왕 별이 없는 밤이라면
소나기라도 한바탕 퍼부었으면 좋으련만

잠이 오지 않는다
더워서가 아니라
별이 사라져서

달빛 아래

며칠 연속 열대야에 지쳐
냉장고에 들어가고 싶어 문을 연다
개목걸이를 한 알몸의 내가 벌써 누워있다
일 안 하고, 배부르게 먹고, 자고 싶을 때 자는
목에 끈이 묶인 채 살기를 얼마나 바랬든가
꼬리를 흔들어 주고
혓바닥으로 손만 핥아주면 되는

삶의 의미를 찾지 않았어야 했는데
광야에서 울부짖던 조상들을 잊었어야 했는데
길고양이 눈동자 속에 야성의 달빛을 보고 말았다
달빛을 쳐다보며 허공에 짖고 싶지만
나를 옭아매는 개목걸이, 목구멍을 막는다
끈을 풀어주면 홀로 떠날 수 있는 줄 알았는데
묶인 삶보다 홀로 사는 게 더 두려운가
허공에 매달린 눈동자를 내려놓지 못한다
그래도 달빛을 보고 짖는 나,
누가 웃는다

유실물 센터

세상을 잃어버렸다고
울고 있는 어린아이
눈물방울에 잦아든 거센 불빛을
얼마나 닦았는지 손등에 불빛이 일렁거린다

지갑은 주민등록증이 있어 주인에게 연락하고
시계와 반지는 주인이 직접 찾아온다
아무도 찾아오지 않는 구겨진 나는
허섭스레기와 함께
진열대에 마냥 누워있다

해는 저물고 어둠이 기웃거려도
기울어진 마음을 세우려고 하지 않는다
버려졌다는 것조차 모르는지
돌아갈 곳이 없는지
부엉이같이 눈을 감지 못한다
그래도 우는 아이는 대단하다

파천황破天荒의 길

대신 가 줄 수도 없고
업고 가 줄 수도 없는
홀로 가야 하는 길이라고
두려워 하지마라
누구나 가는 길이다

흔적이 보이지 않는다고
사람이 다니지 않는 길은 아니다
미지의 길은 길의 끝이 아니라
호기심 가득 찬 애들처럼 낯선 길뿐이니
두려워 하지마라
길이 험하다고 말한 사람은 아무도 없다

죽어가는 것들은 모두
길 없는 길을 가야하고
보이지 않는 이정표를 보고
아무도 모르는 길을 가야 한다고
두려워 하지마라
아무도 돌아 나온 사람은 없다

누구나 처음 가는 길이지만
반질반질하게 다져진 길이고
묵은 길이고
또 하나의 길일뿐이다

바람의 신발

노루의 발자국을 보고
노루가 간 길을 따라 걸으면서
길이 없다고 투덜거린다
산에는 원래 길이 없다
길이 없기에 길을 잃을 염려도 없다
짐승들은 바람의 신발을 신고
노루가 토해놓은 길을 따라 걷고
바람의 길에서 태어나고 죽는다
바람처럼 길 없는 길을 가기에
어둠속에서도 두려워하지 않는다
저 산 너머 노을이 피면 어떠랴
느릿느릿 마루 금을 따라 걷는다

클로버

한 여름, 군홧발로
클로버 밭에 들어가 세 잎 클로버를 짓밟고
네 잎 클로버에게 무릎 꿇고 고개를 숙인다

그들은 가슴에 훈장처럼
네 잎 클로버를 달고 다닌다
내가 할 말은
힘을 키우지 말라는 것도
무릎을 꿇지 말라는 것도 아니다
세 잎 클로버를 짓밟지 말라는 거다

내가 죽기 전에 해야 할 일은
세 잎 클로버의 꽃으로 피어나는 거다
네 잎 클로버는 황금빛으로 빛나지만
꽃을 피울 수 없다
세 잎 클로버만 꽃을 피운다

골목길

분이네 도시로 이사 가고
돌담은 무너지고 벽은 사라졌지만
길은 비어도 빈 것은 아니다

짓밟혀도 사라지지 않는 민들레처럼
보이지 않는 수많은 눈동자들이 지켜보고 있는
폐가廢家 같은 골목길
이끼 낀 돌담과 낡은 벽 사이에
꽃피는 시절에 살았던 바람만
흔적 없이 종일 왔다 간다

텅 빈 골목길이 없었더라면
분이의 꽃가마 동구 밖에서 울었을 것이고
김 서방의 아들 재롱 없었을 것이고
김 영감의 상여 저승가지 못했을 것이다

마을의 역사를 다 간직한
골목길은 엎드려 있을 뿐이다
푸석한 기억의 웅덩이를 파면서
멀리서 보면 숨을 죽이고

빙하의 무게를 안고 가슴앓이 하는 열녀문처럼
한恨을 드러내지 않을 뿐이다

아파트에 사는 사람들

비와 별 이 보이지 않아도
산과 바다가 보이지 않아도
날개를 잊어버린 닭같이
한 번도 날갯짓을 해 본 적 없는 그들
화석이 된 조상을 그리워하는 듯
밤마다 운다

뿌리를 박지만 뿌리를 내리지 못하는
꿈 잃은 부평초 같은 그들
물너울 한 번 떨칠 뿐
아무 소리도 없다
그들은 자신이 먹이인 줄도 모르고 배고파
밤마다 운다

막차

바람의 꼬리에 매달려
몇 고개나 넘었는지 모른다
이젠 지친 바람과 함께 떠나야겠다

낡고 칠이 벗겨진 시골버스 정류장
산그늘도 정류장에 앉아서 기다리고
굴뚝의 연기 멀리서 서성거린다
기다리지 않는 것은 아무것도 없다

막차는 오지 않고
봄비가 온다
이슬비도 피할 수 없는 초라한 정류장
고단했던 산행의 순간을 떠올리며
먹다 남은 막걸리 나발을 분다

몸은 어디 두고 색깔이 바랜 동백꽃 모가지
빗물 따라 정류장 쪽으로 흐른다
정류장 쪽으로 눈길을 못 박은 노인
늙은 느티나무 아래의 팔각정에서
막차를 기다린다

종량제 쓰레기봉투

비닐 봉투 한 장 얼마 한다고
숨 막히고 창자가 터질 지경이 되도록
눌리고 눌린다
쓰레기도 같은 쓰레기가 아니란다

과태료가 있는 쓰레기
무단투기 하는 쓰레기
전자팔찌 단 쓰레기
테이프로 입을 막아 꼼짝달싹도 못하게 한다

인간세계에 살려면
쓰레기도 쓰레기다워야 한단다

저능아

새같이 노래를 부르고
꽃들의 속삭임에 화답하듯 웃음을 짓는다
동문서답하면
스스로 부끄러워 두 손으로 얼굴을 감싸는
그는 저능아

새의 노래를
꽃의 웃음을 알지도 못하면서
자기 말만 되풀이 하는
모른다는 것을 모르는
나는 저능아

통조림

등 뒤에 까칠한
태어나기도 전에 유통기한 찍는다
보이는 것, 보이지 않는 것 모두
뒷머리에 박힌 의미 없는 숫자에
밧줄을 걸고 스스로 목을 조른다
자살을 시도하려해도
그들은 용서하지 않는다
나의 죽음은 그들의 것이라고
그렇게 살 수밖에 없는 것들
낙인을 받지 않을 수 없다면
낙인을 지울 수 없다면
낙인과 손을 잡고 자유롭고 춤을 추리라

자살 전상서

유명한 배우가 자살했다
모두 울고 나도 안타까워 울었다
나는 감히 너를 심판하리라
내 마음대로 하는 건 자유가 아니다
죽는 것이 네가 할 일이지만
그의 죽음만 이끌면 되는데
그의 죽음으로 남까지 죽는다면
네 죄 용서 받지 못하리라
너도 가치 있는 일을 하려 했겠지만
그는 남의 생명을 품고 있다
장기를 기다리는 사람
죽음을 기다리는 사람
기다리는 사람을 기다리는 사람
그는 누구의 기다림이다
기다림은 사랑이라고 말하지 않았는가
네가 진정 그를 사랑한다면
깊은 수렁에 빠져 있을지라도
버러지처럼 살아간다 할지라도
죽을 때 죽어야지
몸을 함부로 다루지 않도록 했어야 했으리라

자화상

비틀어진 몸 내려앉은 어깨
가슴이 찌그러진다
똥지게 진 듯 어기적거리며 걷는다
여울목을 건너는 가시고기처럼
비늘이 떨어지도록 긴 꼬리를 흔든다
어디서 본 듯한 뒷모습이다
한 번도 본 적이 없는
나는 나를 모른다
털 빠진 수캐마냥 헐떡거리며
뒤를 돌아보지 않는다
더덕더덕 붙은 똥자루
요란한 빈 깡통 줄줄이 달고 간다
진작 버려야 할 것들
겹겹의 시간이 흘러도
함께 있고 싶어 한다는 것을
핏자국이 남더라도
긴 꼬리 잘라야했다

제3부

멸滅

게

남쪽바다에서는 옆으로 기어가도
아무도 슬퍼하지 않습니다
단단한 갑옷을 입었다고
아무도 밟아 보지 않습니다
몸을 항상 낮추어 살았기에
옆으로 기어 다녔고
빈 마음으로 살았기에
솥뚜껑 같은 등껍질을 지고 다녔습니다

집게발을 사용하면 두려울 것도 없는
여차하면 거품을 품을 줄도 아는
창 같은 팔다리로 하늘을 찌를 줄도 아는
얼굴이 불그스레한 그녀는
그렇다고 화가 난 게 아닙니다
북쪽바다로 시집 온 게 잘못입니다
차가운 밑바닥을 안고 옆으로 기어가는 것은
어버이 마지막 말씀 때문입니다
가족을 위해선 옆으로 기어 다녀야 한다고

유리창

유리창과 마주앉아 차를 마신다
나뭇가지에 매달린 내가
구름을 위에 앉아 차를 마신다
하늘처럼 속이 훤한 내가 차를 마신다
나는 어디가고
지리산이 앉아 차를 마신다
결코 속내를 보여주지 않는 거울
뒤뜰을 까발리고 보여줬다 해서
유리창이 될 수 없다
내가 울고 싶을 때
거울은 울지 않는다
껍데기만 운다
내가 울고 싶을 때
유리창은 함께 운다
길게 푸른 눈물을 드리우면서 운다
떨어진 눈물방울 속에 별빛이 내려와
별들이 함께 운다

용두산 비둘기

아무도 몰랐다
죽고 나서 이웃아줌마가 말했다
집 울을 나가 본 적이 없었다
동면하는 구렁이같이 똬리를 틀고 누워있었다고
얼마나 외로웠으면
죽어서 비둘기가 되고 싶었다고

배고프면 자갈치시장에 가서 먹이를 주워 먹고
목마르면 영도다리에서 물고 온 바닷물을 마셨다
낮에는 장기판 옆에서 훈수를 뜨고
밤이 되면 용머리에 앉아 별빛 조각을 덮고 잔
독거노인 그 할배

영락공원에서 화장을 했다
매지 구름이 멀리서 운다
조문객은 빗방울이 된 구름
멀리서 구구구 산울림뿐이다
유골을 추스르니
비둘기 사리가 나왔다고 한다

꽃동네

꽃동네에는 꽃 같은 사람들만 산다
사지가 불편하여 움직일 수 없는
머리에 꽃을 꽂은 그들이 춤을 춘다
꽃 속에 묻혀 사는 꽃동네 사람은
그들이 꽃인 줄도 모르고 산다
더러는 화를 내기도 하고, 싸우기도 하고
피자도, 통닭도 먹지만
꽃을 먹고 꽃이 된다

산 아래 사람은 꽃을 먹는 그들을
꽃동네 사람이라고 부른다
동백꽃을 먹으면 붉은 동백꽃이 되는
벚꽃이 먹으면 하얀 벚꽃이 되는
꽃들은 담을 넘어 날아갈 수 있지만
꽃동네를 떠날 수 없는 것은
꽃을 먹고 살기 때문이다

나를 연다

새싹 언 땅을 두드리는 소리에
돌멩이 베고 누워 졸던 봄
놀라서 머리를 땅에 박고
줄탁동시, 손을 내밀어 잡아준다

비가 오나 눈이 오나
한 번도 문을 닫은 적이 없는 삼거리 주막집
문을 두드린다고 열리는 게 아니다
그냥 문을 열고 들어가
주모, 대포 한 사발 고함을 친다

목탁소리 산사를 깨우니
어둠에 갇혔던 내가 열린다
그 때서야 산문山門이 보인다
그냥 문을 열고 들어가
장모, 백숙 한 마리 고함을 친다

아름다운 선물

거미줄에 걸린
수많은 생명의 냉혹한 방울들
차안과 피안의 경계에 서 있다
한 개만 울어도 함께 울지 않을 수 없는
불꽃 씨앗 같은 목숨, 그러나
기적을 만든다
평화를 만든다
남의 생명을 몸에 안고 사는 우리

악성종양환자 김하늘 어린이 장기가 없어 수술하지 못하고 있다 밤마다 척추를 깎아내는 듯한 고통을 참으며 자기 때문에 힘들어하는 엄마에게 엄마, 아파서 미안해요 도리어 엄마를 위로한다

죽어도 죽지 않는
떠나도 떠나지 않는 길은
나의 불꽃 씨앗을 옮겨 심어주는 거다
매일 기증자에게
감사의 기도로 하루를 시작하는
가장 아름다운 선물을 받은 수혜자
살아있음이 가장 아름다운 선물이다

폐지 줍는 할매

새벽이 열리기도 전에
폐지 줍는 허리 굽은 독거노인
유모차를 끌고 먹이사냥 나간다
남보다 먼저 어둠을 깨는 목마른 눈빛
어슬렁어슬렁 길고양이 같이 골목길을 살핀다
뒤에서 보면 그녀는 보이지 않는다
먹잇감을 포착한 길고양이의
낫 같은 야성의 등만 보인다
걷다가 유모차에 기대어 쉰다
유모차가 지팡이다
이젠 눈도 몸도 늙어 유모차가 텅 비기 일쑤다
야성을 잃는 건 삶을 버리는 것
폐지를 씹어 먹고도 배가 접히는 날은
막다른 골목쟁이에 앉아
무릎과 무릎 사이에 고개를 묻고
햇살을 주워 먹는다

거울 속의 나

거울을 본 나는 떠났다
거울 속의 나는 미처 따라가지 못하고
평면의 틀을 깨지도 못하고
텅 빈 뒤뜰에서 기웃거린다

나비는 틈새를 찾지 못해 들어오지 못하고
거울의 문턱에 기대어 울고 있다
바람은 문 없는 문을 열고 나풀나풀 들어와
한참 놀다 돌아간다
나는 또 홀로다

그리워 밖에서 오기를 기다리고
그리워 밖으로 나기를 몸부림친다
거울 밖의 나를 붙잡지만 않았다면
원래 홀로라는 것을 알고
바람의 신발을 신고
걸림 없이 날 수 있을 텐데

천수천안千手千眼

닫힌 눈 속을 따라 길 없는 길을 들어가면
아름다운 별이 뜨는 밤하늘이 있고
사계절 꽃이 피는 정원이 있는
그의 눈은 눈이 아니다
때어날 때부터 장님인 그는
눈이 닫히니
천 개의 눈이 손가락 끝에 열리고
손가락 끝의 눈은 소리를 열어 본다
기도하는 소리를 열어 간절함을 보고
천식으로 밤잠을 설치는 소리를 열어 아픔을 보고
세상의 모든 소리를 열어 두려움을 살펴보는
그의 눈은 눈이 아니다
눈물로 숨을 쉬는
숨소리를 열어보면
닫힌 눈 속의 젖은 눈이 그의 눈이다

오늘

눈을 뜨고
웃음을 짓는다
자유를 향한 마임이다.

햇살이 달콤하다
처음이 좋다면
중간도 좋고
마지막도 좋다
어둠이 평안하다

오늘 살아있음에 감사하고
웃음을 짓는다
눈을 감는다

노인의 눈높이

봄에는 벚나무 아래에서 꽃을 먹고 사는
여름에는 느티나무 밑에 앉아 그늘이 되는
가을에는 단풍나무 밑에서 낙엽이 되는
겨울에는 24시 편의점 앞 의자에 앉아

천년을 지켜온 돌부처같이 꿈쩍하지 않는
햇살을 먹고 사는 계절바라기 노인은 안다
삶의 뒤안길에서 이젠 세월을
있는 그대로 봐야 한다는 것을
늙음은 새로움이라는 것을
관을 짊어지고 그늘에서 노는 달팽이 노인은 안다
시간에 젊음과 늙음이 따로 없다는 것을
눈높이만 있을 뿐이라는 것을

기도

늙으신 어머니 말씀 무조건 옳다고
모든 여성들은 나의 어머니라고
그대의 분노마저 고마워서
새벽빛 일어서는 그 곳에서 서서
기도를 드립니다

어버이보다 먼저 죽으면 안 된다고 말씀하셨던
무덤가에 핀 할미꽃
오늘 밤도 잠 못 이루며 용서를 빌고
어버이 살아줘서 고맙다는
기도를 드립니다

날개를 달았다고 하늘을 안다는
나의 어리석음을 질책하고
보리밥에 하늘 넣어 비비고
땡초를 노을에 찍어 먹으며
사는 게 오늘만 같아라
기도를 드립니다

밤배

밤배는 올 기미를 보이지 않는다
밤 고양이 눈처럼 등대가 밤새 먼 바다를 비추건만
새벽달이 떴다는 것을 알면서도
기다리는 사람이 있다는 것을 알면서도
밤배는 아직도 만선의 길을 찾고 있는가

밤배를 간절히 기다리는 사람들
잔잔한 기침소리와 애기울음 소리만 들릴 뿐
아무도 말을 하지 않는다
말을 아껴야 한다는 것을 안다

어느새 어둠 속에 잠든 해 황금빛 길을 연다
먼 바다로 나간 밤배
만선을 데리고 오기 위해서가 아니다
비릿한 고향의 갯냄새 더 짙으라고
활어같이 팔딱거리는 포구
하루의 눈을 뜨라고

바람이 말을 걸었다

화장실 가는 길에
바람이 말을 걸었다
술, 담배 안 하면 무슨 재미로 사요?

화장실 갔다 오면서 마음속으로
그에게 말을 던졌다
당신은 술, 담배 할 땐 하는 재미로 살지만
안 할 땐 무슨 재미로 사요?

술 먹을 땐 술꾼이지만
술 먹지 않을 땐
당신은 누구요?

발

자신을 위해서는
한 번도 분노 한 적이 없는
배고픈 가슴을 가진 가장
가라면 가고, 오라면 오고
바다 끝 계단에서 양손에 촛불을 드는

진눈깨비 내리는 날
갈대 같이 속으로만 울다가 낙동강이 썩어간다고
뜨거운 심장을 가진 민주투사같이
하늘 끝 계단에서 붉은 깃발을 흔드는

그를 씻어준다
더러워서가 아니라
시원해서가 아니라
진정으로 고마워서

제야의 종소리

하늘의 소린가, 땅의 소린가
끝의 소린가, 시작의 소린가
이도 저도 아니라면
하늘과 땅을 잇는 소린가
아니면, 그 어름에 있는 소린가

쇠의 소린가, 허공의 소린가
안의 소린가, 밖의 소린가
이도 저도 아니라면
쇠와 허공을 잇는 소린가
아니면, 그 어름에 있는 소린가

비눗방울

허공을 품으니
무거워 비틀거린다

허공 속에 날개를 넣으니
퍽, 허공이 터진다

영롱한 빛 속에 나를 넣으니
뚝, 어둠이 떨어진다

무지갯빛 속에 동심童心을 넣으니
무지개가 벌떡 일어선다

잃어버린 비상

옷을 훨훨 벗어버리고
땅에 비비대고 냄새나게 살았다
날개에 덕지덕지 때가 붙어 날지 못해도
걸림 없는 목숨이라 여겼다

한 번도 씻어준 적 없는 몸뚱아리
물을 마시면서도 목마름만 알지
비상飛翔이 있는 줄 몰랐다

날개 끝에 때 묻은 목숨을 매달고
북쪽으로 긴 삶을 떠나야 하면서도
한 번도 날지 않아
날개가 날개인줄 몰랐다

씻어주고 싶다
날개가 아니라
더러운 목숨이 아니라
잃어버린 비상을

주름살

어디에도 끌려간 흔적이 없는
그을린 이랑, 곱창처럼 꿈틀거린다
여름이면 하늘을 열어 비를 먹고
겨울이면 하늘을 열어 눈발을 먹는다
하늘을 안고 뿌리를 내린
주름살은 그렇게 자란다
하늘에 걸리지 않는 구름같이, 어느 날
비탈길에 옹기종기 모여 있는 그을린 햇살에게
너덜겅 길을 자유롭게 넘나든 무용담을 들려준다
무지갯빛 바람이 일어나고
귀걸이가 풍경처럼 흔들린다

도둑고양이

배고픔에 시달리면서도
구름 위를 걷는 그는
하루에 한 번만 쓰레기통을 뒤진다

가진 것은 배고픔뿐이지만
텅 빈 배 하늘을 품은 듯
그는 언제나 등 굽은 하늘이다
야성의 빛 등뼈를 타고 하늘로 치솟는다.

하늘을 훔친 듯 그는
눈이 푸르다
검은 눈인 나는
어둠을 훔쳤는가

빗방울은 수직도 수평도 아니다

밤비 내리는 날 빗방울은
비수가 된다
굴다리를 지나면서
가로등 불빛을 따라온 팽팽한 빗방울은
바람을 잃은 방패연처럼
텅 빈 길에서 공중제비를 치며
물마에 칼자국을 낸다

빗방울은 수평도 수직도 아니다
날개를 펼치기 위해서
산봉우리를 따라 흐르는
산도 하늘도 아닌
마루 금이고
하늘과 바다가 맞닿는 틈새에
떠 있는 수평선이다

수직의 파경 같은 빗방울은
모든 수평의 줄을 끊는다
그건 지울 수 없는 기억이고
버릴 수 없는 나다

꽃이 된 별

함박눈 오는 날
별이 내려와
소나무 가지 끝에서 눈꽃이 된다
칼바람의 시린 상처를 알면서도
별을 사랑한 설해목
눈꽃을 한없이 가슴에 품는다

어둠이 잦아지면
반딧불은 함박눈에 떠밀려
숲 너머로 사라지고
새벽은 별을 데리고
꽃 속으로 걸어서 들어간다
꽃에서 별의 향내가 나고
별 속에 꽃이 자란다

아내가 죽어서다

아파트 부엌에
허브나무 한 그루 놓아두었다
빈 집이 아닌 것처럼

장애 자식이 있어서
늙은 어머니 모시고 있어서
재혼하지 않는 줄 알았다

나의 아내라는
이름이 죽었기 때문이다

낡은 티브이

칠순 선물을 받았다
삼십 년 전에 빼앗겼던
티브이 채널을 도로 찾았다
잃었던 소망을 되찾은 듯
친구와 마음 가는대로 대폿잔을 기울이고
성지를 답사하듯 세 포장마차에게 기도를 하였다
좋아하는 드라마가 있는 저녁은
그의 침묵 속으로 천천히 걸어 들어갔다
소식 끊어진 고추친구를 만나는 긴 설렘 같은
먼 길 걸어온 어둠을 밀고 가는 것 같은
드라마 보는 시간은 눈부셨다
무릎을 세우는 어제의 나를 보았다
작은 것 하나로
좋아하는 것이 있는 것만으로
하루를 꽉 채울 수 있고
하루는 삶의 전부가 될 수 있다

낡은 티브이를 물려 받았을 뿐이다

제4부

도道

이끼

납작하게 붙어서 꼼짝도 하지 않고
넙치 같은 눈으로 세상을 삐딱하게 본다
목이 말라 마음껏 물을 마신 게
아니꼬워 보였는지
구둣발로 짓밟는 그 놈은
미끄러져 뇌진탕으로 죽었다
밟혀 몸이 시퍼렇게 멍들고
몸이 부서지도록 상처를 입었지만
정말 꼼짝도 하지 않았는데

나를 째려보는 가자미눈
네 죄를 내가 다 안다고 불어라 했다
넙치 같은 눈으로 세상을 몰래 삐딱하게 본 게 죄고
짓밟혀도 도망치지 않는 게 죄고
긴 가뭄에 말라 삐틀어져도
살기 위해 바닥에 붙어 있은 게 죕니다

마애불

바위 앞에 앉아
석공은 명상에 든다
바위가 웃을 때까지
스스로 석공이라고 한 것에 대해
석고대죄라도 하듯이
비가 오나 눈이 오나
일어설 줄 모른다
기다린다
오직 기다릴 뿐이다
바위가 웃으면
징과 망치를 들고
웃음소리 따라 바위와 함께 춤을 춘다
웃음이 아닌 것들
바위는 스스로 속을 드러낸다
얼마나 오랫동안 바위 속에서 명상에 들었던가
맑은 웃음을 드러내며 합장을 한다
석공도 합장을 한다

구두수선 미화원 박 씨

주름살이 광택을 품은 듯 얼굴이 환한
빛을 먹고 사는 그는
구두수선 미화 센터, 광택수선사, 청각장애인
구두광택 이천 오백 원
간판을 단 한 평 정도 알루미늄으로 만든 가게가 있다
닦을 구두가 없어 배고프면
손바닥만 한 창으로 스며든 햇빛을 받아먹는다
검거나 희거나 갈색이거나
새거나 헌것이거나, 크거나 작거나
비싸거나 싸거나, 남자거나 여자거나
성자처럼 차별하지 않고
밑바닥을 빛나도록 핥는다
삶의 벼랑을 혓바닥으로 핥아 빛을 내는 그는
혓바닥은 닳아 허공이다
별들이 반짝이는 것은
별들이 어둠을 토해내었기 때문이 아니라
어둠을 어둠으로 닦아 빛을 내는
그의 허공이 별을 닦았기 때문이다
혓바닥이 없어 할 말을 못한다고
귀가 들리지 않는다고 눕혀 보지마라
밑바닥에 살면서도 별을 닦고 있다

스파르타카스

나는 로마의 노예 검투사였다
주인은 나를 샀다
검투의 승리는
노예도 끝도 자유의 성취도 아니었다
죽음은 죽음뿐이었다
아방궁을 지어주고, 양귀비를 넣어주고
꼭두각시로 만들었다
분노마저, 생명마저 꼭두각시였다
나의 것은 오직 복종과
꿈뿐이었다
감옥을 지고 다니는 것 같아
감옥에 짓눌려 죽으려 했으나
내가 나를 살 수 있다는 것을 알았다
내가 나의 주인이 될 수 있다는 것을
살기 위해 칼을 잡았지만
이젠 나를 사기 위해 칼을 잡으리라

무인등대를 사랑한 노숙자

부산역 벤치에 사는 노숙자들은
해가 뜨면 줄지어 무료급식소로 가는데
그는 홀로 영도다리로 가 갈매기가 된다
무인등대를 사랑하기에
홀로 날기를 좋아하기에
무리를 떠나지 않을 수 없었다
더 높이 오르려는 사람이 미웠던 것은 아니다
더 빨리 가려는 사람이 싫었던 것은 아니다
무인등대같이 홀로 있고 싶었던 것이다
무인등대에 가는 것은
나를 사랑하는 것이고
산홋빛 바다에서 오직 나는 것이다
조나단 리빙스턴 시걸 같이 날기 연습을 한다
그러나 조나단이 되려고 하는 것은 결코 아니다
사랑하기 때문이다
사랑하는 것들이 있어서 좋은
부산역 벤치에 사는 갈매기들은
모두 같은 이야기를 만들어낸다

터벅터벅

그리운 사람
그리워하지도 못할 때 지리산에 가
마냥 터벅터벅 걷겠습니다

홀로 있는 것보다
함께 있는 게 더 외로울 때 지리산에 가
마냥 터벅터벅 걷겠습니다

허무의 불 속에서 팔딱거려도
날개 꺾여 벗어나지 못할 때 지리산에 가
마냥 터벅터벅 걷겠습니다

지리산에 가면
아무도 없는 칠선계곡에서 천연한 모습으로
산 목련이 손짓해도
운무 속에서 젖은 눈빛으로
노고단산장이 하룻밤을 청해도
핏빛으로 물든 피아골단풍이 유혹해도
눈 덮인 천왕봉이 정상주를 마시며 즐기자 해도
마냥 터벅터벅 걷겠습니다

정말 지리산에 가면
산 밑에서 들고 온 모든 것 내려놓고
침묵 속으로 들어가
마냥 터벅터벅 걷겠습니다

탄생

계곡물이 닳고 닳은 하얀 바위를
아우성이 나도록 치고 가도
파도가 하얀 이빨을 드러내며
만들어 놓은 모든 것을 빼앗아 가도
그때는 몰랐습니다

해가 서산에 걸려
숨넘어가듯이 깔딱거려도
해가 먹구름 속에 잠들어
비가 젖은 소리를 내어도
그 때는 몰랐습니다

그 때가 바로 오늘이라는 것을
배춧잎에 길을 내고 똥을 싸는 애벌레가
나비가 되기 위해 몸부림친 날인 것을

폭포

가을이 투신하면 가을이 죽고
절망이 투신하면 절망이 죽고
폭포가 투신하면 폭포가 죽는다
하얀 꽃이 된다고
수직으로 수없이 떨어진다

진종일 언 날개를 버르적거리며
죽은 가을을 잊지 못하는 폭포
겨울이 와도 멈추지 않는다
무엇을 견디고 이기려고 하는가

용서할 수 없는 것도 끝없이 용서해야 하는
떨어짐에 대해서는 묻지 마라
늙은 여자의 지청구 같은
알 수 없는 중얼거림
떨어지면 안다
떨어져야 산다 폭포는

폭포가 폭포를 때린다
녹슨 제 몸을 온전히 닦을 때까지

포장마차

환갑을 훨씬 넘은 나이에 포장마차를 내었다
그날 종일토록 비가 내렸다

그 나이에 용기가 대단하지
몸이 건강하니 할 수 있지
왜, 그런 말을 했는지
국수 한 그릇, 김밥 한 줄 먹고 그냥 올 것을
노는 것보다 사람은 일을 해야지
왜, 그런 말을 했는지
막걸리나 한 잔 하고 올 것을
자식에게 기대는 것보다 편하지
왜, 그런 말을 했는지

말없이 앉아 있다 올 것을
부끄러워서 나는 펑펑 울었다
국수발처럼 끈질긴 비도
미안한지 줄기차게 천막을 두들겼다

나팔꽃 수평으로 긴다

가시덩굴마저 감고 올라가는 그가
수평으로 기어간다
장미꽃 밖에 볼 줄 모르는 그가
저녁이 오면 절망의 눈물
흘린다 배가 텅 비어서가 아니다
마음이 고파서다

밤이 찾아들고
손가락마저 불을 밝히고
수평선을 기어간다
길 잃은 작은 어선들을 위해서

검푸른 아침 햇살과 함께
산 너머 하늘 밖에서
나팔을 분다
무릎과 팔꿈치로 기면서 돌아와
밥상도 없는 촛불도 없는 그들을 위해

칼의 노래

어둠을 밟고 일어난
어미의 낡고 굽은 등뼈는
쉼 없이 번쩍이면서
어둠을 자른다
게슴츠레하게 눈을 뜨는
검붉은 빛이 흐른다
새벽이 날카롭게 깨어난다
아픔 없이 태어나는 것이 있을까

새벽을 두드리며 칼은
아침을 준비한다
끝없는 여명을 안고 있는 타악소리에
발자국 없는 새벽이
어둠의 빈자리에서
하루가 열린다
어미의 굽은 등골에서
무딘 칼의 노래가 나온다
성자가 따로 있을까

겨울 그 자리

꽃샘추위를 몰아낸 벚나무 그 자리에
실낱같은 봄 햇살 몸을 푼다
순간이지만 흐드러지게 벚꽃은 불을 밝힌다

꽃이 진 그 자리에
초록의 혓바닥은 제 이름을 내밀고
뜨거운 땡볕에 자신을 달군다
혓바닥은 얼마나 햇살을 먹어야 불이 붙을까
빨갛게 익은 혓바닥 식을 줄 모른다
햇살을 버려야 빈자리가 되는가

사랑을 잃고 재마저 탄 그 자리에
벌거벗은 몸으로 나는 앉았다

칼바람을 맞는다

팬터마임

허공을 토하는 저 웃음 속에
햇살로 빚은 하얀 얼굴이 있다
눈 위에서 뒤뚱거리는 펭귄 같은
새도 웃음을 참지 못하는 허수아비 같은
광대 같다고 웃음 지어다오
그래도 도마 위에 앉아 있는 물고기같이
비린 냄새가 팔딱거린다

가진 것 없어도
있어야 할 것은 없는 게 없다
수평선을 당기면
먼 하늘이 다가오는 것이 보이는가
바닷물을 찍어
허공에 나의 꿈을 그린다
꿈을 그린 하늘에서
비린 냄새가 팔딱거린다

폐지 줍는 노인

실루엣처럼 뜬 앞산이
새벽빛 햇살을 등에 짊어진다
익숙한 고샅길 황금빛으로 가득하다
등이 낫처럼 구부러진 노인이
황금빛을 꺾어든다
아침 햇살을 손수레에 가득 싣고
이마가 땅에 닿을 듯 숨을 헐떡거리며 언덕을 오른다
십자가를 진 전봇대가 따라서 오른다
황금빛으로 물든 얼굴이 불그스레하다
폐지를 수집하는 노인은 오늘도
황금빛 햇살을 줍는다

허수아비

햇볕에 입과 눈이 말라버리고
스스로 침묵이 된 노복
허화한 각설이 옷을 입고
막춤을 춘다
괴상하고 겁나게 생겨도
허황하게 웃는 모습 숨길 수 없다
참새들은 웃을까

참새들이 날아간다
허허롭게 날갯짓 하며
무서워서가 아니다
하늘과 누른 벌판을 깔아놓고
허아비를 한바탕 놀리는 거다

땡볕을 마다하지 않는 그는
아는지 모르는지
각설이 타령을 종일 질펀하게 외친다

새벽까치

손님맞이하기 위해선가
별빛을 쓸고 나서 어둠을 깨운다
까아깍까 까아깍
어둠은 뒤도 돌아보지 않고 달아난다

어스름한 허공이 울고
유리창도 덩달아 꺼이꺼이
나의 새벽보다 먼저 일어나는 그의 어둠 때문이다
눈꺼풀에 밤의 그림자 매단 나의 새벽
부끄러워 가까이 다가가지 못하고 서성댄다

아직 어둠 속에 있는 나는
새벽은 그냥 오는 줄 알았다
새벽에도 고개가 있는 걸 몰랐다

헌책

낡고 후줄근하다고
할 일이 없고 무의미한 게 아니다
삶에 지친 것도 아니다
낡음은 또 하나의 도전이다
눈물이 떨어진 흔적이 있고
밑줄과 단상들의 추억을 그릴 수 있는 것은
오래 산 자만이 누리는 아름다움이다
낡아야 인생의 참맛이 우러나온다
오래 묵어 진물이 나는 청국장처럼
찾는 이는 드물고 외롭다
버려진 외로움은 더 두렵다
외롭고 두렵더라도
나를 기다리고 있는 가난한 시인이 생각나
마감을 하지 못한다.
그리움이 없는 책은 헌책이 아니다
기다림은 살아 있음이 아닌가
나는 아직 그들을 기다린다

연어를 깨운다

젖은 노래를 품은 노을은
물을 두들겨 내는
물푸레나무의 북소리를 들으며
강물을 타고 흐른다
난바다에 이르기도 전에
벌써 목이 마르다

두려움보다 그리움 때문에 강물은
노을빛 물방울을 토한다
바다 속에 길을 내는 노을빛 물방울은
스스로 산산조각 되어 파경처럼 반짝인다
수평선을 흔들고 젖은 노래를 그리워하며
먼 노을을 찾고 있는 잠든 연어를 깨운다
해오름의 울음이 불붙는 수평선에서
그대만이 아는 늙은 어미의 젖은 노래를
디디고 되돌아오라고

혓바닥과 바닥

혓바닥끼리 놀다가
만난 지 처음으로 소주잔을 부딪혔다
혓바닥에게 한 번도 보인 적이 없는
나의 바닥을 보여라 한다
바닥까지 마시라 한다
바닥을 머리에 엎으니 바닥은 하늘이 되고
하늘의 똥구멍을 혓바닥은 핥는다
채움은 사라지고 바닥만 남는다
채우는 족족 바닥을 비우고
검은 마침표를 찍을 때까지 비우고
붉은 마침표를 찍을 때까지 비우면
바닥은 드디어 허공이 된다
걸림 없이, 두려움 없이
바닥은 바닥끼리 논다
만남은 바닥이어야 아름다운 것

길이 아닌 길

꽃잎은 꽃비가 되어 따라오고
햇살이 내려와 함께 간다
누가 길에 아무도 없다고 했는가
노송이 양팔을 벌리고 길을 보듬으니
길은 주저앉아 울어버린다

뒷굽이 닳은 신발을 신고
내 묵은 길에 발자국을 찍으면서
길을 간다고 말한다
산다고 말하지 않는다

길이 있어 내가 가는 게 아니라
내가 있어 길을 간다
길은 길만으로 가지 않는다

시작도 끝도 없는 길을 따라가면
세월을 알 수 없는 돌부리에 찍혀
길이 되지 못한 길이
저만치에서 다시 손짓을 한다

깃털 없는 날개

오래 묵은 때는
두들기고 비비고
빙글빙글 돌리고 미치게 해야
백숙처럼 허물해져야 나온다
세상을 돌려도
똬리를 틀고 고개를 바짝 쳐든
독사 같은 놈은 꿈쩍도 하지 않는다

독한 놈, 지구에 넣고 돌린다
깃털 없는 날개를 퍼드덕거리며 뛰어나와
하늘을 난다
한 번도 날아 본 적이 없는 그 놈이
날개 달린 줄도 모르는 그 놈이
하늘을 난다

섬진강 할매

섬진강은 천천히 오르막을 오른다
병원에 계신 어무이가 좋아하는 것
손님이 부르면 머리 위에 얹힌
섬진강을 내려놓는다
삼 천원어치를 비밀봉지에 담는다
섬진강물에 잠기는 섬진강
섬진강의 밑바닥을 훑어 재첩을 찾는다
멈출 수 없는 계곡물같이
섬진강은 별을 찾아 흘렀다
비오나 눈이 오나 쉰 적이 없었다
오늘도 별을 찾기 위해 오르막을 오른다
섬진강은 안다
섬진강물에 수없는 별들이 빛나는 이유를

뇌성마비 총각

온 몸 마디마디 길에 부딪히는
몸이 길인 사람이 있다

길을 만들기 위한 일그러진 웃음
뺨에 박힌 어지러운 땀방울
하나하나 길이 되어
비틀거리며 길을 간다

한 마디 말을 만들기 위해
하늘에 눈을 맞추고
해녀의 긴 호흡 같은 숨을 멈춘다
손과 발에서 낯선 길이 터져 나온다

가마 속의 옹기를 기다리는 옹기장이
불꽃 되어 활활 몸을 태우듯이
온 몸으로 비틀고 짠
길 하나 아득히 가고 있다

두부 장수

사랑하는 사람이 두려움이 없기를 기도하며
붉은 노인은 햇살을 빚어
밤새 두부를 만든다

어둠이 깊게 뿌리를 내리지 못하도록
쇄빙선이 빙하를 깨듯
어둑어둑 골목길을 헤치며 나아간다
두부장수 종소리에 별이 잦아든다

아침의 문을 열지 못하고 있는
어귀에서 졸던 어둑새벽이 놀라
두부 한 모, 고함을 지른다

황금빛 두부를 먹지 않은
마지막 골목길을
종소리가 깨지도록 딸랑딸랑
허공에 박힌 어둠이 허물어진다

더 드림

세월을 미루고 더 드림을 열었다
꿈은 시골에서 농사지으며
시를 암송하고, 명상을 하고 싶은
그는 맑은 눈빛으로 담아낸다
무지개와 우정을 섞어 만든 막걸리를
별빛과 꽃가루를 섞어 만든 빈대떡을

그는 이미 행복하다
꿈을 먹기 위해 더 드림을 찾는 친구들 있고
악몽을 꾸더라도 깨어났을 때 볼 수 있는 친구들 있고
함께 산에 갈 수 있는 산 친구들 있고
무엇보다 그에겐 더 꿈이 있기에

국수를 파는 게 아니라 더 꿈을 판다
막걸리를 마시는 게 아니라 더 꿈을 마신다
동아는 막걸리를 마시고 산이 되었고
일구는 막걸리를 마시고 꿈이 되었다
다른 친구는 벌써 새와 별과 꽃이 되었다

번개 친다고 놀라지 마라
하늘이 친구를 부르는 소리
꿈은 현실이고 미래다
꿈이 있는 한 절망은 없다
더 꿈을 마시자

겨울 그 자리

인쇄일: 2015년 9월 15일
발행일: 2015년 9월 24일

지은이: 김병국
펴낸이: 최경식
펴낸곳: 도서출판 청옥문학사
인쇄처: 세종문화사

등록번호 제10-11-05호
전화: 051-517-6068
E-mail: kyu500@hanmail.net

ISBN 978-89-97805-358 03810

값 10,000원